Kuu kehui tänään taivasta

AF209418

Sami Antero Nygrén

Kuu kehui tänään taivasta

Runoteos

© 2024 Sami Antero Nygrén

Kannen suunnittelu: Sami Antero Nygrén
Sisuksen taitto: Sami Antero Nygrén

ISBN: 978-952-80-9470-8

Kustantaja: BoD · Books on Demand,
Mannerheimintie 12 B, 00100 Helsinki, bod@bod.fi
Kirjapaino: Libri Plureos GmbH, Friedensallee 273,
22763 Hampuri, Saksa

Kuu kehui tänään taivasta.
Taivas oli unohtanut, miten
hyvältä se tuntui. Eikä Kuu
näytä aina pimeää puoltaan.
Kuu vain unohtaa hyvät
tapansa välillä. Muita Kuita
tuskin edes sietää. Viihtyy
parhaiten yksin. Silti
yksinäisyys tuntuu pahalta.
Taivashan on niin suuri. Sillä
on aina asiat kunnossa ja sillä
riittää aina ystäviäkin. Se on
kirjeenvaihdossa Jumalan
kanssa. Kuu ei koe tai tunne
sitä tärkeäksi. Hän teki sitä
ennen. Mutta maailma voitti.
Ei kuu enää hiljentynyt

kuulemaan Jumalaansa.
Levoton kansa löytää kerran
vuodessa Luojansa tykö. Kyllä
Kuu Jeesustaan rakastaa.
Eihän siitä ole kyse. Hän
tahtoisi elää yhteydessä. Kiire
vain vie voiton. Minuuden
kautta voi löytää lähelleen.
Opetella kuka on. Päästä edes
lähelle Luojan työmiestä. Sillä
se Kuu varmasti on.
Pysähtyisitkö hetkeksi?

Elämä, vain irronnut paikka itsetunnossani. Ajatukset salaavat merkityksen tarkasti. Asiat vain velttoilevat ja maleksivat ja minun olisi niille jotakin tehtävä. Elämänhalu ei ollut sitä miksi sitä luulin. Se valehteli.

Uuden alku erilaista yksinäisyyttä. Viimein pääsin katsomaan yksinäisyyksien tarjontaa ja jätin entisen.

Erilaisuus rakennettu tavallisuuden sisään kuin laiva pulloon.

Ulkopuolella on kehä, josta voi
joutua vielä kauemmaksi

se olet sinä

se on niin pieni takapajula,
kun menet sinne tuon
näköisenä

sinun dissosiaatiosi hippibussi
hakataan säpäleiksi

sinun näyttelijäntaitosi
menevät hukkaan kuin

kotiviini särkyneestä
lasipullosta

sinä joudut kohtaamaan
pelottavan itsesi

Ne ruuvaavat seiniä ja
sahaavat

ne elävät rauhassa minusta
huolimatta

ne ovat surullisia ja syvällisiä

ne osaavat elää kaikissa
väreissä

ne eivät koskaan lyö, eivätkä
riehu

ne ovat kyynelten syy

ne katsovat sinua silmiin

ne ovat rakkaudellisia ja elävät
rakkaudessa

ne ovat aina unisex

ne ovat tasavertaisia rotuun
katsomatta

niitä voi tunnistaa yli 8000
erilaista sävyä

ne eivät ole aina näin
suorasanaisia

ne voivat olla iloinen ja kirjava
näky keskellä ankeaa
katkeruutta

ne voivat tahtoa kuristaa sinut
kaksin käsin tällä sekunnilla ja
lyödä sinua pesäpallomailalla

eikä se ole aina niin vakavaa

jos kumpikin pyytää anteeksi

Eilinen

Ihoni pukeutui harmaaseen
kosketukseesi

sen saumat kutisivat

unohdin

olen sävelten minuuskelvoton
raapimapuu

unohdin

kannan paljon vähemmän
kuin sävelten painon

Suru

Valkeat aallot sinisen rannalla

pastellin sävyiset äänet
heijastuvat aaltoihin

Maa rakennettiin vain
umpikujiin planeetta-
ajatuksella

kysymykset vasten mieleni

kiinni olevia seiniä

totuus, lennä etsimään siipiä!

harmaa viilsi itseään syksyn
varjoissa

tavallisuus ei siihen päättynyt

Annatko
anteeksi?

Ajatukset sinusta liitteitä
täynnä

                    ei alkua
ei loppua

    sisin oli pitkä

                    monta
            tuntia

            sitten se lyheni

Kuulen ääntä aivojeni
kuopasta

jonne ajatus sinusta putosi

harmaus on sille
sylisolumaailma

en tiedä, kuka se sinä olet?

Kesä liikkuu oudoilla teillä

kivun kuvat pitävät
kesästä huolen

pilvet oppivat satamaan
kuin ihminen kävelemään

maa oppii pyörimään
kuin ihminen puhumaan

jos jokin on nopeampaa
kuin ennen

viisaus oppii vähenemään
kulttuurista

Kaunis

En ole kultainen
minusta lähtee pölyä
     ja pintani on maalattu
kuten 70-luvulla

joskus toivoin rohkeasti
          mitä tahdoin
sinäkin tiesit sen
     sinä olit neliapila
minun neljäntuulenpesässäni

levottomuuteni ei hirveästi
puhunut

se vain vaelsi pitkän
talven

ne runot kertoivat
salaisuuden

Ikkuna ei sanonut
rakastavansa

muutenkaan välittävänsä

se oli maksullinen ikkuna

Eksynyt hopeisille
pöydille

kipu vie kuin
muistomerkki

muiston esikuvansa luokse

unohdus ei ole kaunis,
eikä ruma

yö loppui valveen
sanoihin

mykkyys kuulosti
hiljaiselta

ja hieman sairaalta

sen laulu on unohdus

talven se sitä sävelsi

kolmeosainen mykkyys

yksiosainen unohdus

vapaus kuin tiiliskivi

täynnä tavoiteltavaa

silti se saa huonoja
arvosteluja

Minun kipuni on
pohjatonta rakkautta

väärin ymmärrettyä

ja väärin kohdeltua

herkkyyttä
lähinnä viattomuutta ja
kaikkea särkyvää

sisälläni on rikottu
ihminen

se ei uskalla enää tulla
näkyviin

nyt on se aika
kuukaudesta

kun sydän on aivan
sirppinä

II

En etsi ratkaisua ideologiasta

enkä elämän filosofiasta

Ilosta

en etsi sitä oikeata

en vasemmalta

en keskeltä

en kuolemasta
       mielipiteet
              satuttavat
   minua
ulkopuolisuus satuttaa minua
   yksinäisyys
              satuttaa
minua
       rumuuteni satuttaa minua
          kiltteyteni,
       aistimaailmani
hiljaisuuteni, sisäinen puheeni

rakkauden puute

kaikki ne minua
satuttavat

Ensimmäinen kosketus on jäänyt mieleeni. Siitä ei ole montaa vuotta. Naisen iho rakentaa hellyyttä yksinäisen ympärille. En sitä ennen ehtinyt löytää itseäni minuuden kirjaimista. Hauras kuvitelmaminuuteni ei osannutkaan vastata naisen kysymyksiin, kuka on Sami? Enkä löytänyt hänestä itselleni etsintäseuraa. Hän lähti pois.

Nyt mietin minuuteni kirjaimin konkreettisia vastauksia. Olenko vain surrut ja kärsinyt niin paljon, etten

osaa enää olla ihminen?
Häviävä määrä selviä
vastauksia unimaassa.

Mennyt vuosi on yksi niistä.

Tänäänkään en osaa
hahmotella ajatuksiani ennen
ajatettelua. Ajattelen
yhdenvedon otteella ajatusta
nostamatta ja unohdusta
käyttämättä. Lopputulos on
harmillinen. Jokin abstrakti
seisoo veneessä ilman
kellukkeita ja haaveilee.

Nyt tietoni karttuvat
aivosumusta ja epäselvästä.
Olen kiinnostunut niistä.

Kesä loppui kylmiin käsiisi,
syksy. Elämä sekoittuu suruun
ja ikävään kuin maali. Ja sinun
on oltava taitava maalari, että
sen elämäksi tunnistaa. Minä
saan siitä vain pimeyden ja
kalvakan tuoksuisen
maalinhajun

Ystävällisiä sanoja en yhtään.

Harmaa ajatus oli tärkein.
Muuta ei lasketa.

Syksyllä minun mieleni
tipahtaa kuin liian väljät
housut maahan. Eikä se sieltä
helpolla nouse. Minua
moititaan mieleni väljyydestä
kuin hopparia, vaikka en minä
ole tätä mieltäni itse valinnut

Minä olisin valinnut Lennon-
lasit, pitkän tukan ja
psykedeelisen
vesivärimaailman. Minä olisin
valinnut toisin.

Valkoinen jänis, ikuinen
mansikkamaa, olen syntynyt
villiksi.

Hän kutoo erilaisia uruilla
puun alla

hän tutustuu tammenterhon
ajatuksiin

hän analysoi sitä, mitä ei ole

Laulu

Kaikkien niiden kiihkeiden
päivien totuudet toistetaan

yön sormet eivät niitä muuta

ryhtyvät mukana tanssimaan

Viikatteensa pois pistää
varastoon

Uni laulaa multaa eilisen
arkulle

Muistan päivän hyvällä

Rakas ystävä on mun maailma

kuin kertosäe pyörimään

Jumalatar nousee taas

Lainasin aamun rumpua
nenäliinamerestä
mustan kissan kanssa
Ja yhä muistan päivän hyvällä
Siitä on viisi vuotta
Siellä hyvällä oli lämmin
Kauniit maisemat toivoivat
että kaikki lähtisivät

Pimeys ei paljoa ujostele olemassa oloaan. Se heilastelee kolean, kylmän ja kostean kanssa. Ne pukeutuvat talven hameeseen. Lohduttomuuden koruihin.

Raskauden hajuvedet leijuvat.

On vain pakko jaksaa niitä kaikkia.

Huominen juo vieraissa pöydissä kuin häirikkö katkeraa maljaa. Sen maljan nimi on särkynyt. Pöydässä istuvat myös mustelma ja loukkaava kieli. Minä näen ne

kadulta, kun pimeä täyttää
näyteikkunat.

Kyyneleet silittävät kahta
vaatettaan, kaipausta ja
ikävää. Ne ovat jo kuluneet
kumpikin.

Tyhjyys pukeutuu yhä
mitättömään. Ja ujous on sille
liian viisas. Elämä jatkuu. Ja
minä kirjoitan päiväkirjan
sivuille, mitä en uskalla
koskaan sinulle sanoa.

Yksinäisyys on kuoriutunut
kaikesta väristä. Kalterit jäivät
ilman huomista. Se sahasi
yhden kaltereista ja pääsi
karkuun.

Tyhjät katseeni valloittavat
kissattoman huoneeni.
Katsettani on jakkaroilla,
sängyllä, pöydällä, seinissä,
katossa ja vielä valtava kasa
lattialla.

Sanoja saan etsiä tästä talosta.
Niillä ei ole korvia, silmiä,
tuntoa ja tuskin osaavat

vastata, missä ne ovat. Ne maistavat vain menneen. Se maistuu siltä kuin katseeni olisi sen kokannut, mutta tähteellä on vain hieman raavittu pannun pinta. Paljoa muistoja ei ole.

Viimeinen

Kun en tiedä mitä tekisin, niin pistän musiikin soimaan, että kuulisin edes jonkun sanovan jollekin jotain. Sanat ovat minua iloisemmat.

Viimeinen sana oli: et sinä tule. Yritän puhua olemassa olollani, koska ei ole ketään kelle puhua. Ja yritän jättää sen runokielen pois kuin valkoinen lohikäärme. Yritän olla viimeiseksi, ihmisestä en tiedä.

Oudot kuvitelmat surumaailmastani hiljentävät minut. Se vaikuttaa kaikkeen mitä teen ja kaikkien suhtautumiseen minua kohtaan. Hiljaisuus on ainut koriste tänä jouluna. Ja kirjoitan taas kirjeitä ajatuksilleni. Niin yksin olen.

Reikäinen rasta

höyryä täynnä haisee

canjavanhuus

Iso puinen piippula

silmäpuoli harottaa

Tanka, 26.1.2025

Laulukaljala
täyttyy pianojoilla
Ihana perä

naiset laulavat kilpaa
sävelten pääpohjalla

Tanka, 26.1.2025

Päivä on vasta loppumassa kahden metsikön välissä. En osaa kertoa mitä pelkäsin, kun pääskyset tulivat. Minun harmauteni kulki kesää nopeammin. Ja kesäkin olisi kaivannut sen harmauden kestävän pidempään. Se oli viisas ja paljosta tietoinen. Kaipausta kuin rakkaudenmahlaa, täyden elämän. Minä, joka rakastin sellaista utopiaa, olin kahlinnut itseni vapauttamalla sinut täydelliseen vapauteen. Minä olin tarpeeksi viisas kantamaan kaiken jäljellä

olevan rauhan ja rakkauden
jäänteet.

Suru ajattelee minua tänään

näkee kuoppaisen ihmisen

elämän leikkaaman tukan

jonka ainut sukulainen on oma silmäpuoli

se voittaa varmaan hankalat suvutkin hankaluudessaan

Ulkopuolisuus soutaa
joutsenen lailla pitkin mieleni
pintaa. Haaveet nousevat yhä
vuorenrinnettä erilaisuuteen.
Aika kiillottaa hopeisista
tunneistaan pois tummumia.

Syyt vievät värejä minun
maailmani katseista. Rohkeus
maalaa niillä pikkutunneilla
tulevaa.

Kuolema

Tuolin paikalla on tyhjyys, jota
katson silmät isoina
ympyröinä

tuntuu, että olen nähnyt sen
monta kertaa ennenkin

haukun sen tekijän

et sitten keksinyt tyhjyyttä,
joka ei olisi noin tyhjä?

ala-arvoista ja tyhjyysoppikin
unohtui

aivan selvä omakustanne

Haavat leikkivät tyhjässä ja
värit olivat ilman sulkia esillä

viisaus eli karkoittamisestaan
huolimatta

en tarvitse haluamaani,
ollakseni minä

4.1.2024

Pimeys on puolikas

Elämä, jota elän, on rikki ja
liian ahdas

se on vaate, jolla peitän aidon

minä usein nukunkin se elämä
päälläni

enkä pese sitä, mitä sen alla on

he pilkkaavat minun elämääni

Väsynyt mieleni pieniin
kuoppiin, jotka roikkuvat
narun päässä, kuin pienet
muistot. Kyynel ei ole kaukana
minun tyhjien taskujeni
hiljaisuudesta, ettei sinne
jakaisin kävellä ikävän tietä
pitkin ja kantaa kolmea
kassillista kielikuvia
surrealistisen pään seinään
lyömisen jälkeisestä kivusta.

Sade lisää uutisia
silmäkivunmittaisessa sateessa

Yö on ajatuksia täynnä, joita ei
voi sanoa tai kirjoittaa ääneen.
Ne ovat jo niin vanhoja
ajatuksia, harmaan rakkauden
alla. Vuosien peittämä iho ja
itku.

Hiljaisuus korvaa sinut.

Oluttuoppi oli hänen ainut
luonteenpiirteensä nuhjuisen
kannabisolemuksensa alla

hän tarttui luonteeseensa
kaksin käsin

ja tilasi uuden
luonteenpiirteen

sitten luonne ja rahat
loppuivat

Tässä illassa sininen ui
lähemmäs pimeää

en näe kuin kadonneen
kaipauksen

sinisen hampaissa ajattelen
sinua

Ikäväni märää